STUDIOS
TALMA

ARTCHITECTURE
SOURCE OF INSPIRATION

– *Competition For the Two Palaces of the Champs-Elysées / Concours pour les deux Palais des Champs-Élysées*

– *400 Documents of Sculpted Decoration / de décoration sculptée* (vol. 1 & 2)

Talma Studios
60, rue Alexandre-Dumas
75011 Paris – France
www.talmastudios.com
info@talmastudios.com

ISBN : 979-10-96132-14-0
EAN : 9791096132140

400 DOCUMENTS
OF SCULPTED DECORATION

❁ vol. 2 ❁

400 DOCUMENTS
DE DÉCORATION SCULPTÉE

<table>
<tr><td>

Summary

</td><td></td><td>

Sommaire

</td></tr>
</table>

FRONTON
MATÉRIAUX
PÉDIMENT
FRONTON
DOCUMENTS
25
CAISSE D'ÉPARGNE DE VERSAILLES (Seine & Oise.)
CAISSE D'ÉPARGNE
M.M. BASSOMPIERRE-SEWRIN & P. DE RUTTÉ ARCHITECTES A PARIS.
A. RAGUENET
ARCHITECTE
FONDATEUR
502me Numéro
R. DUCHER EDITEUR
3 Rue des Poitevins.
PARIS

MATERIAUX
PEDIMENT
FRONTON
FRONTON
DOCUMENTS
27
NOUVEAUX BATIMENTS
DE LA SORBONNE
PARIS
M. H. P. NENOT
ARCHITECTE
· UNIVERSITE · DE · PARIS ·

DÉCORATION D'UN FRONTON DONT LE TIMPAN EST ENRICHI
D'UN SUJET DE FIGURES

CHATEAU DE COMPIÈGNE
FRONTON COURONNANT LE
PORTIQUE D'ENTRÉE

J.A. GABRIEL.
ARCHITECTE
1752.

MATERIAUX
PEDIMENT
FRONTON
FRONTON
DOCUMENTS
29
CHATEAU NEUF DE MEUDON (S.-&-O.)
PAR
J. H. MANSART ARCHITECTE
· 1706 à 1709 ·
FRONTON · FAÇADE · OUEST

MATERIAUX
FRONTON
PEDIMENT
FRONTON
DOCUMENTS
30
4 MAI 1897
A NOTRE-DAME DE CONSOLATION
NE VOUS ATTRISTEZ PAS COMME CEVX QVI N'ONT
D'ESPERANCE
I. Thess. IV. 2.
CHAPELLE Rue JEAN GOUJON a PARIS
Mr A. GUILBERT ARCHITECTE

MATERIAUX
PEDIMENT
FRONTON
FRONTON
DOCUMENTS
31
PARIS. GRAND PALAIS DES BEAUX-ARTS

MATERIAUX
PEDIMENT
FRONTON
FRONTON
DOCUMENTS
32
CERCLE DES INGÉNIEURS
A St ETIENNE
(LOIRE)
M.M. G. TEISSEIRE
& F. CLERMONT
(ARCHITECTES)
Imp. Gaillac-Monrocq et Cie Paris.

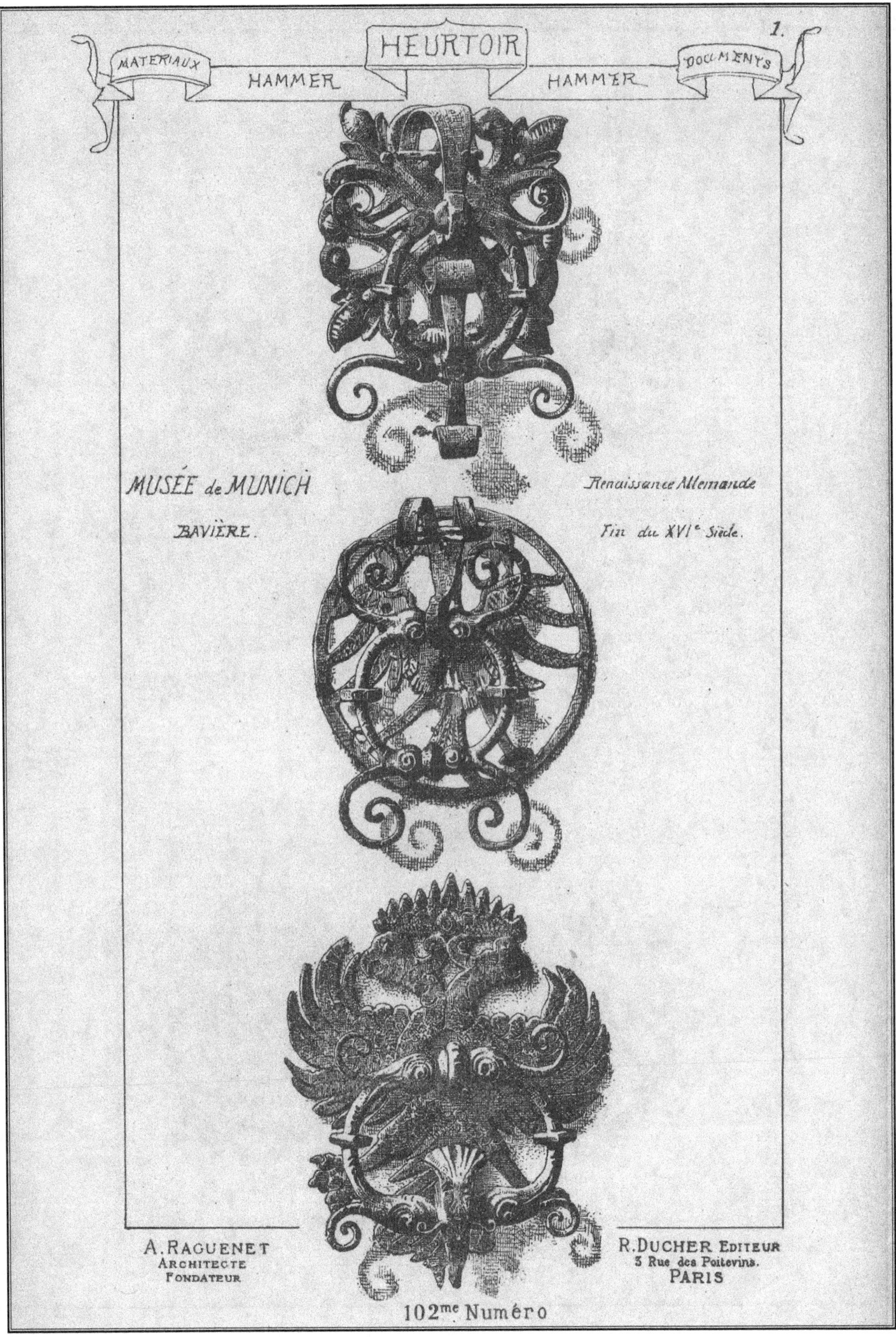
HEURTOIR
MATERIAUX
HAMMER
HAMMER
DOCUMENTS
1.
MUSÉE de MUNICH
BAVIÈRE.
Renaissance Allemande
Fin du XVIᵉ Siècle.
A. RAGUENET
ARCHITECTE
FONDATEUR
R. DUCHER ÉDITEUR
3 Rue des Poitevins.
PARIS
102ᵐᵉ Numéro

MATERIAUX
HAMMER
HEURTOIR
HAMMER
DOCUMENTS
2.
HEURTOIRS
Renaissance Allemande.
à BERNE
ZURICH et LAUSANNE.

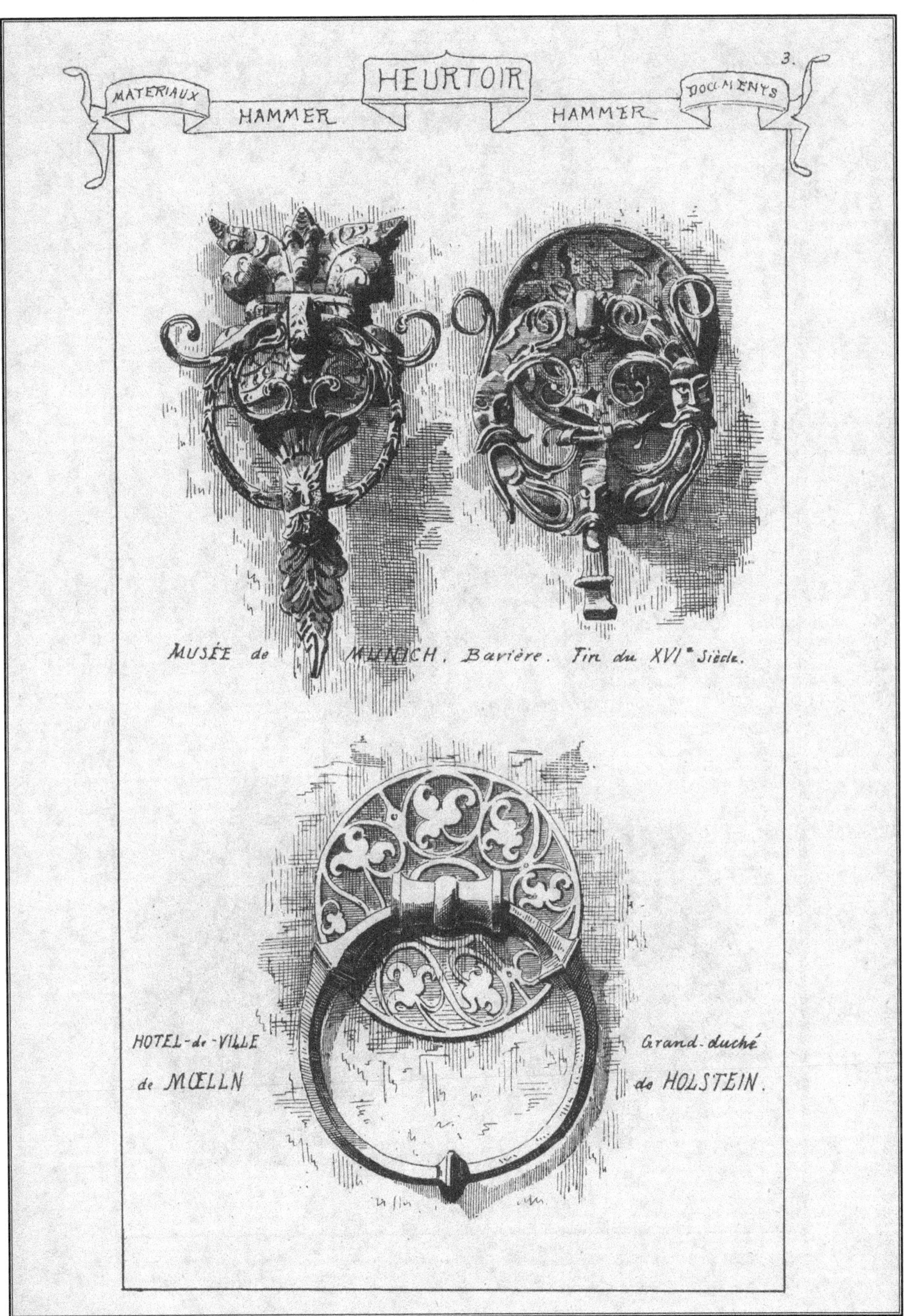

MUSÉE de MUNICH. Bavière. Fin du XVIᵉ Siècle.

HOTEL-de-VILLE de MŒLLN

Grand-duché de HOLSTEIN.

Fin. du XVIᵉ et XVIIᵉ Siècle

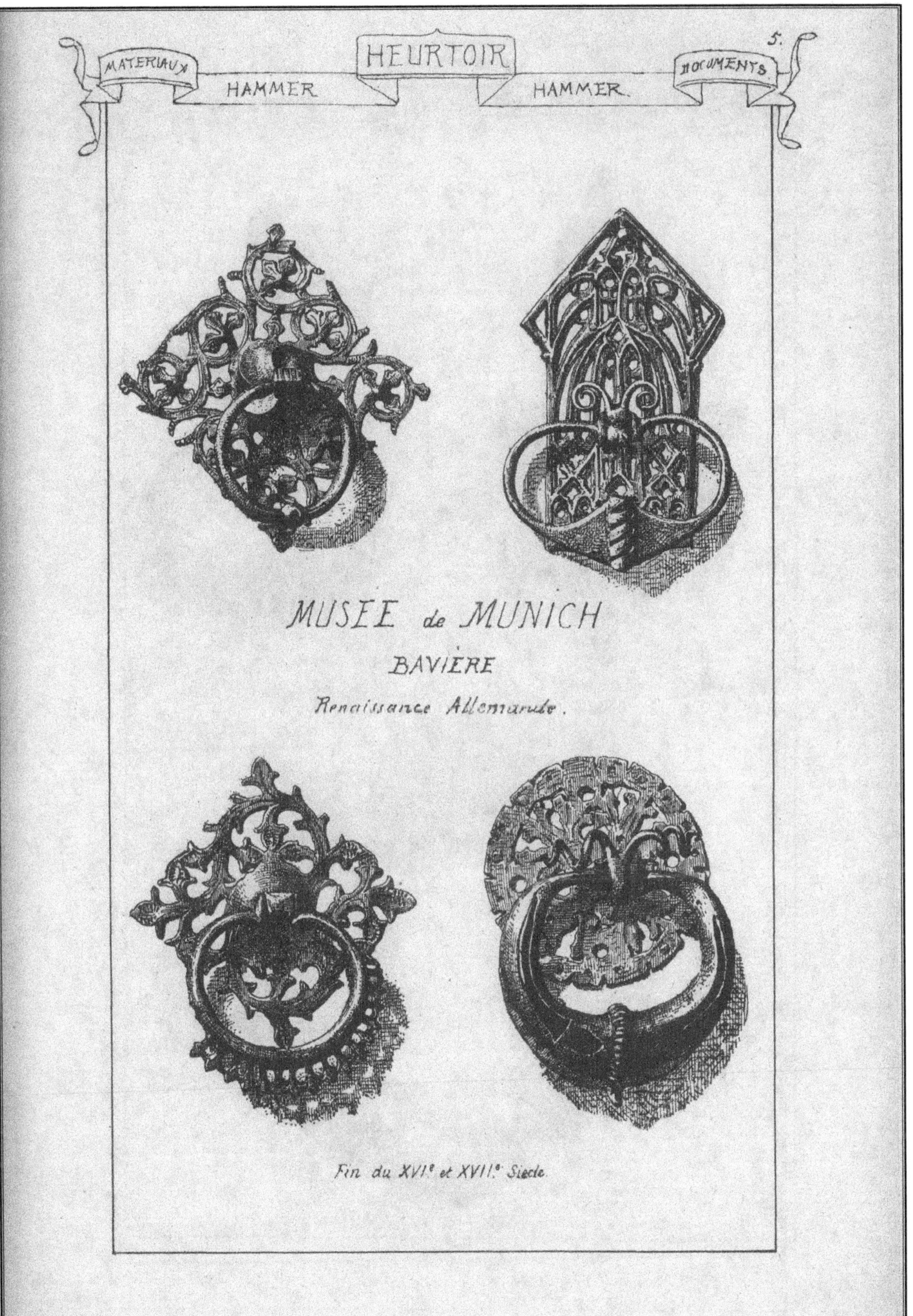

MATERIAUX
HAMMER
HAMMER.
DOCUMENTS
MUSÉE de MUNICH
BAVIÈRE
Renaissance Allemande.
Fin du XVI.ᵉ et XVII.ᵉ Siecle.

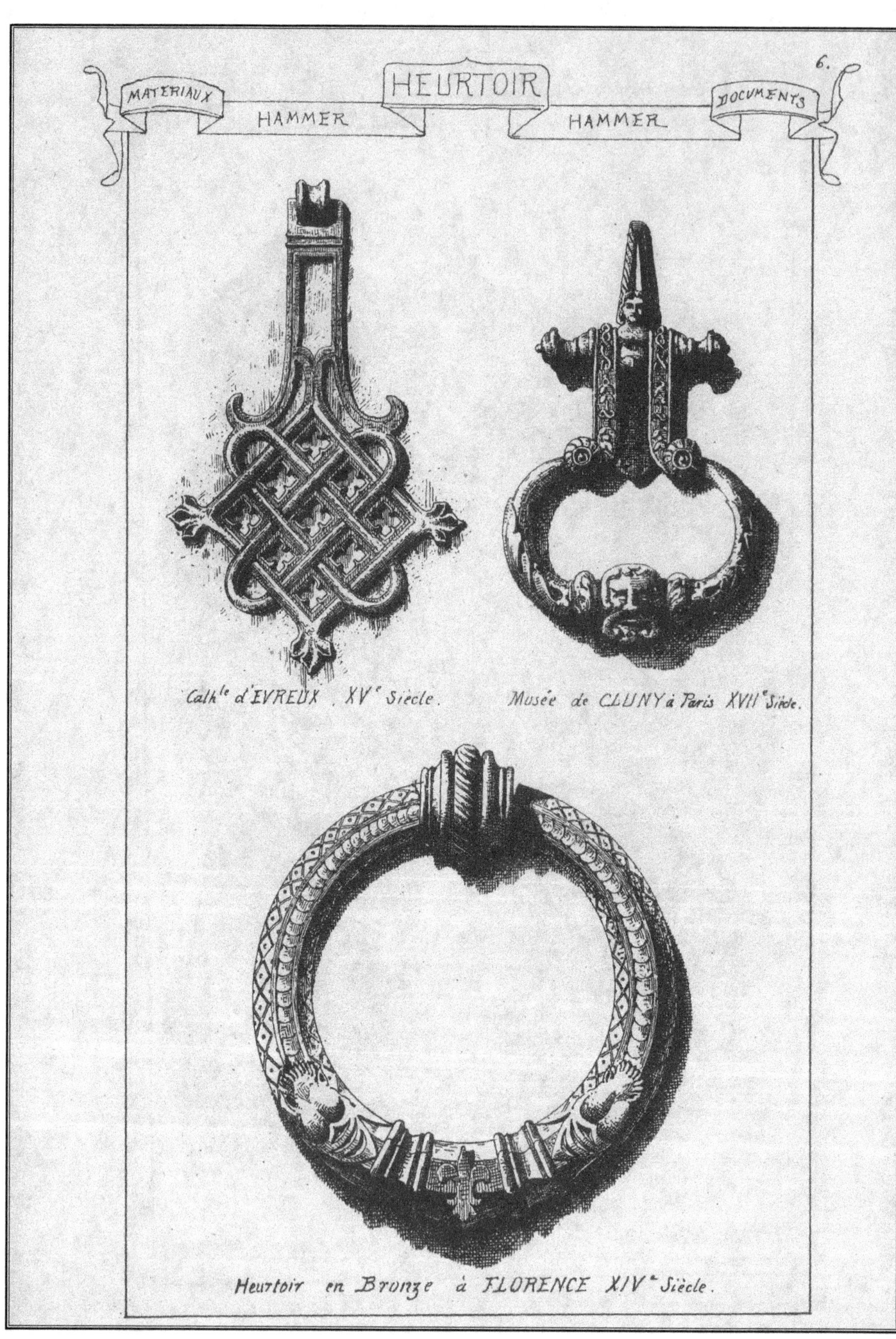

Cath.[le] d'EVREUX . XV.[e] Siècle.

Musée de CLUNY à Paris XVII.[e] Siècle.

Heurtoir en Bronze à FLORENCE XIV.[e] Siècle.

HEURTOIR en BRONZE exécuté par la Maison BRICARD de Paris (: quincaillerie)

MATÉRIAUX
HEURTOIR
DOCUMENTS
HAMMER
HAMMER
MUSÉE de MUNICH
BAVIÈRE.
Renaissance Allemande.
Fin du XVI.e et XVII.e Siècle
8.

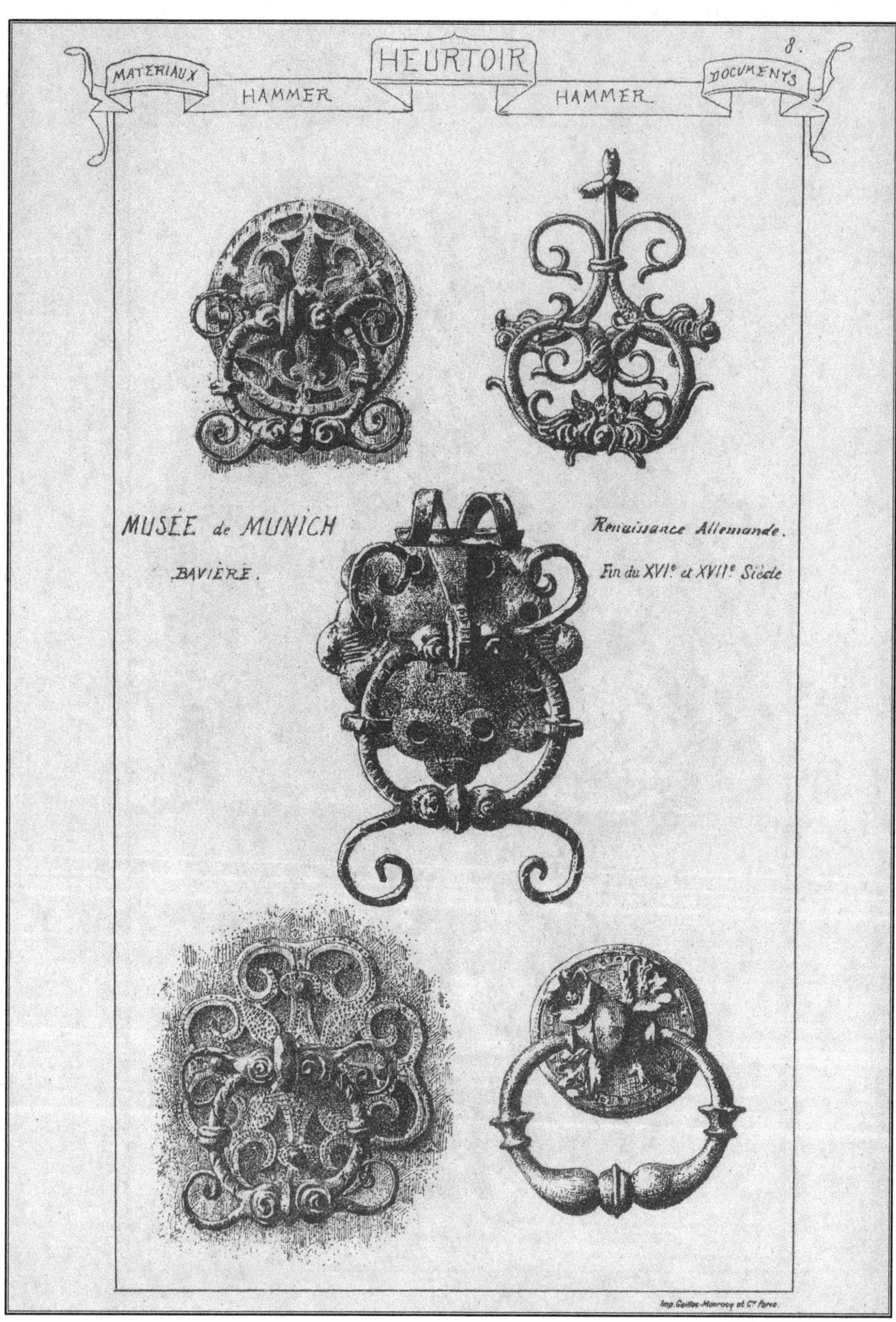

20

MATÉRIAUX
LUMINAIRE
LUMINARY
LUMINAR
DOCUMENTS
1
UN DES CANDELABRES
DU PONT ALEXANDRE III
A PARIS
ARCHITECTES.
MM. CASSIEN-BERNARD & COUSIN
SCULPTEUR
Mr. GAUQUIÉ.
A. RAGUENET
ARCHITECTE
FONDATEUR
503me Numéro
R. DUCHER EDITEUR
5 Rue des Poitevins.
PARIS

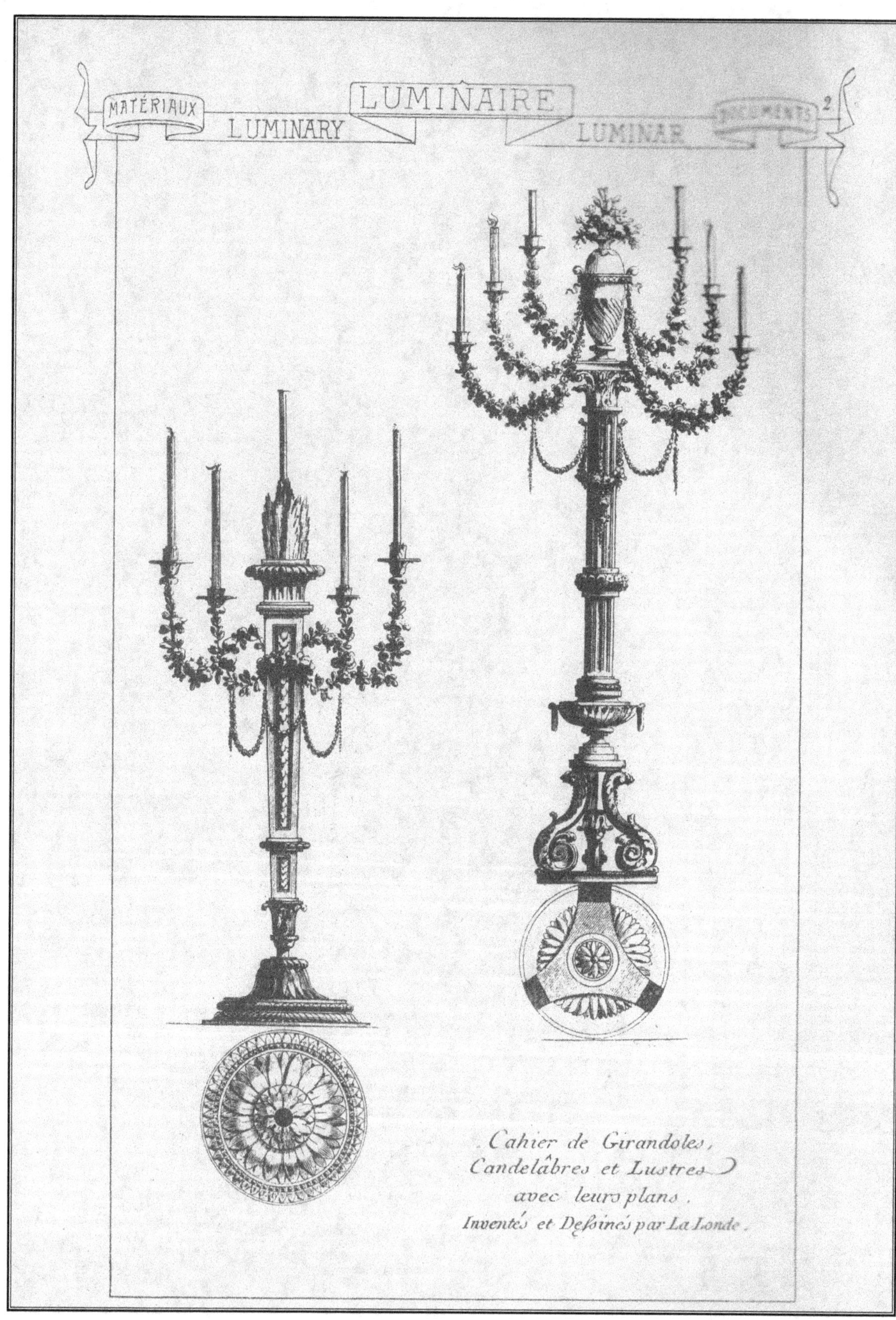

Cahier de Girandoles,
Candelâbres et Lustres
avec leurs plans.
Inventés et Dessinés par La Londe.

FLAMBEAU composition de J. A. MESSONNIER. XVIIIe Sle.

MATÉRIAUX
LUMINAIRE
LUMINARY
LUMINAR
DOCUMENTS
4
PALAIS STROZZI
FLORENCE
RENAISSANCE ITALIENNE

MATÉRIAUX
L'UMINAIRE
LUMINARY
LUMINAR
DOCUMENTS. 5.
HOTEL MAJESTIC
AVENUE KLEBER N°19 à PARIS
Mr SIBIEN ARCHITECTE

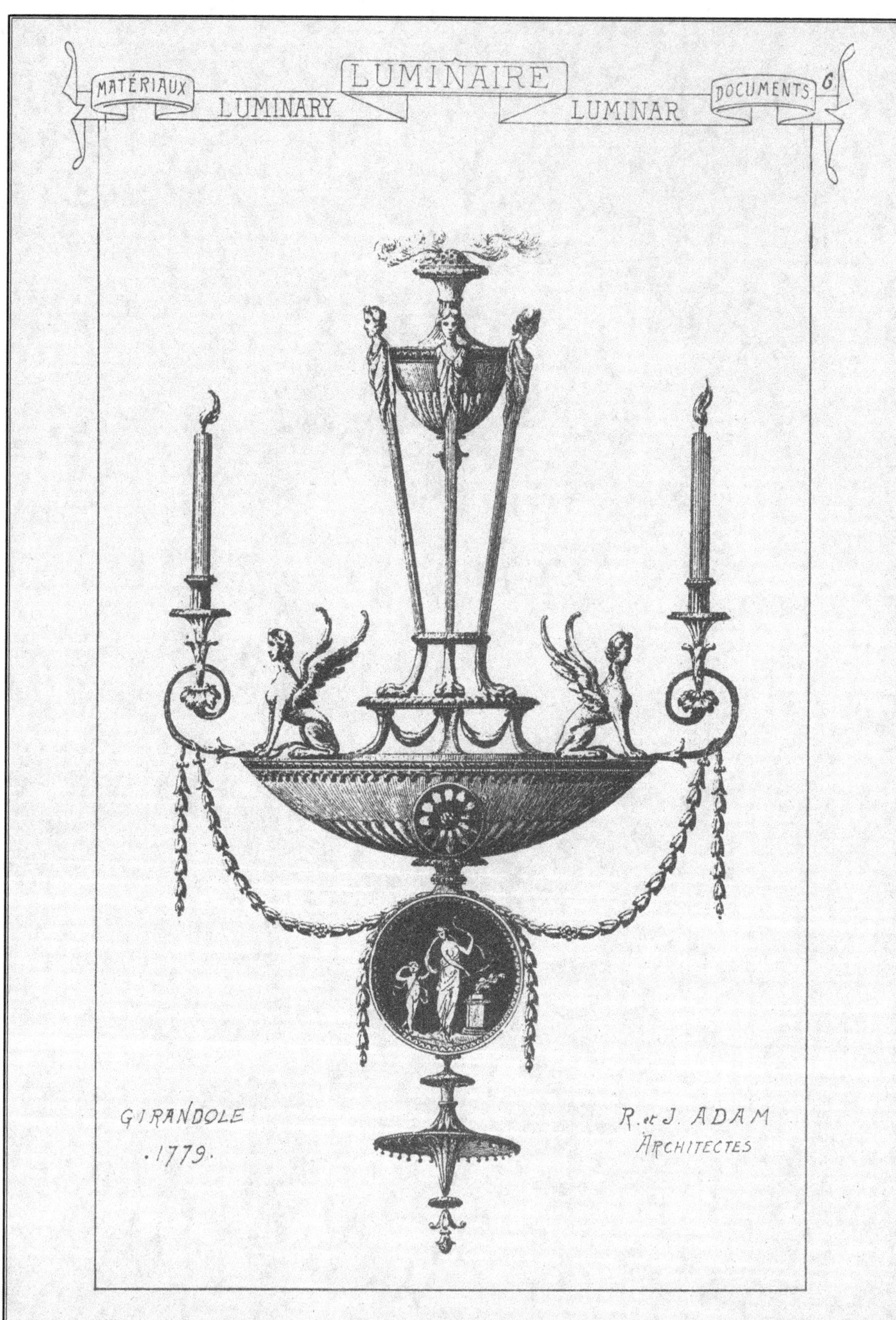

GIRANDOLE
·1779·

R. et J. ADAM
ARCHITECTES

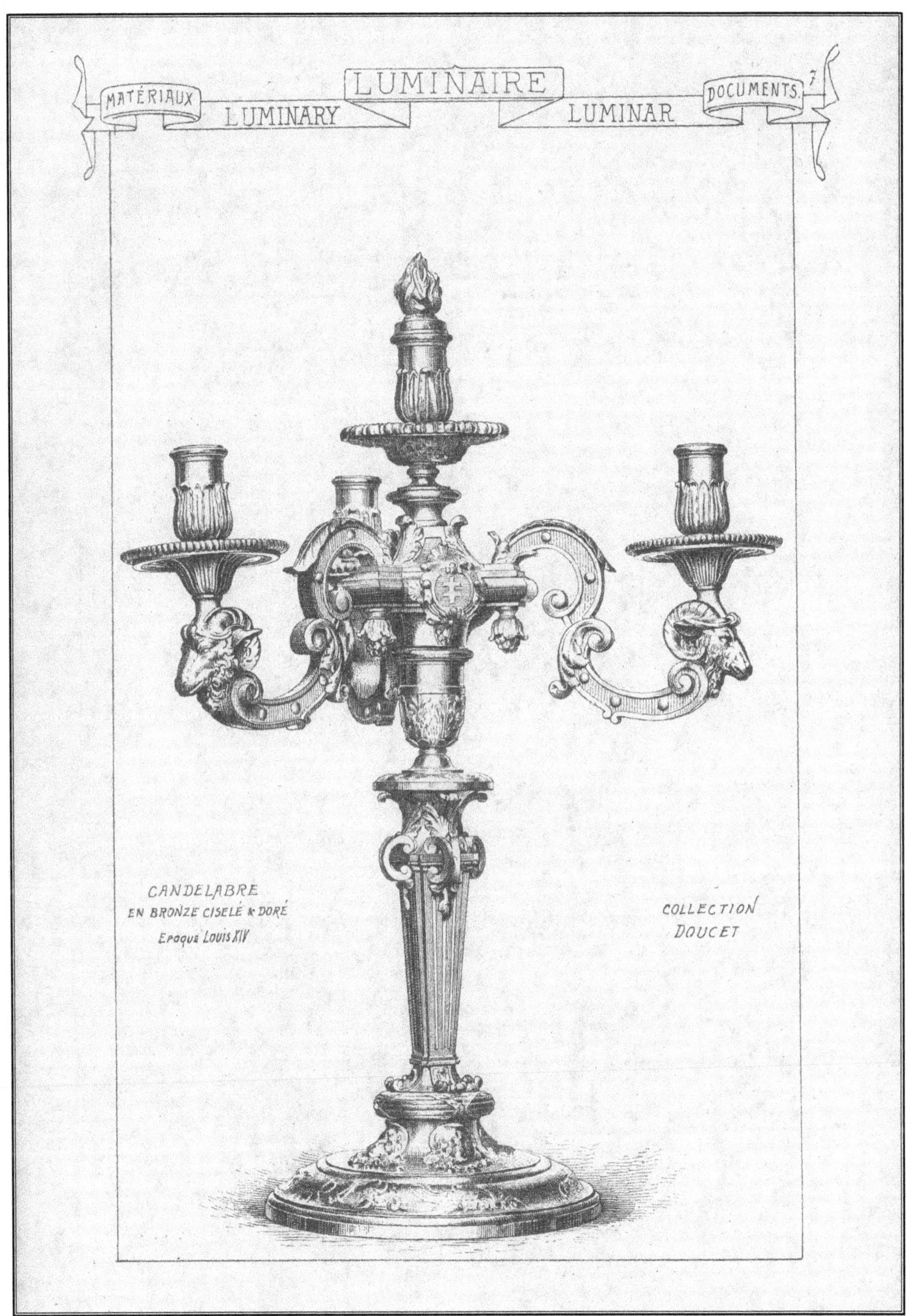

MATÉRIAUX
LUMINAIRE
LUMINARY
LUMINAR
DOCUMENTS
CANDELABRE
EN BRONZE CISELÉ & DORÉ
Epoque Louis XIV
COLLECTION
DOUCET

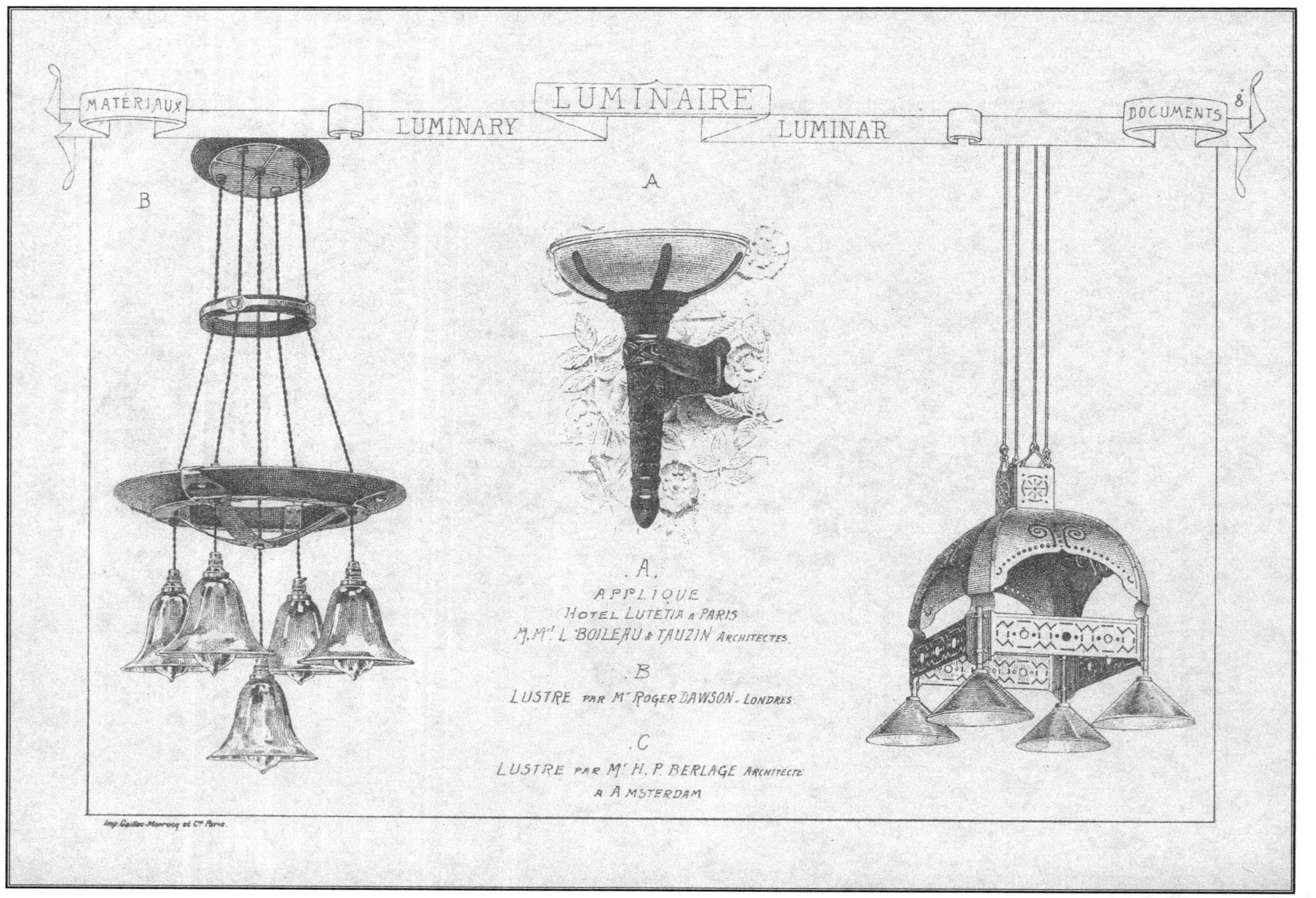
B
A
.A.
APPLIQUE
HOTEL LUTETIA a PARIS
M.M. L. BOILEAU & TAUZIN Architectes.
.B.
LUSTRE par M. ROGER DAWSON - LONDRES
.C.
LUSTRE par M. H. P. BERLAGE Architecte
a AMSTERDAM

A. RAGUENET
ARCHITECTE
FONDATEUR

99.me Numéro

R. DUCHER EDITEUR
3 Rue des Poitevins.
PARIS

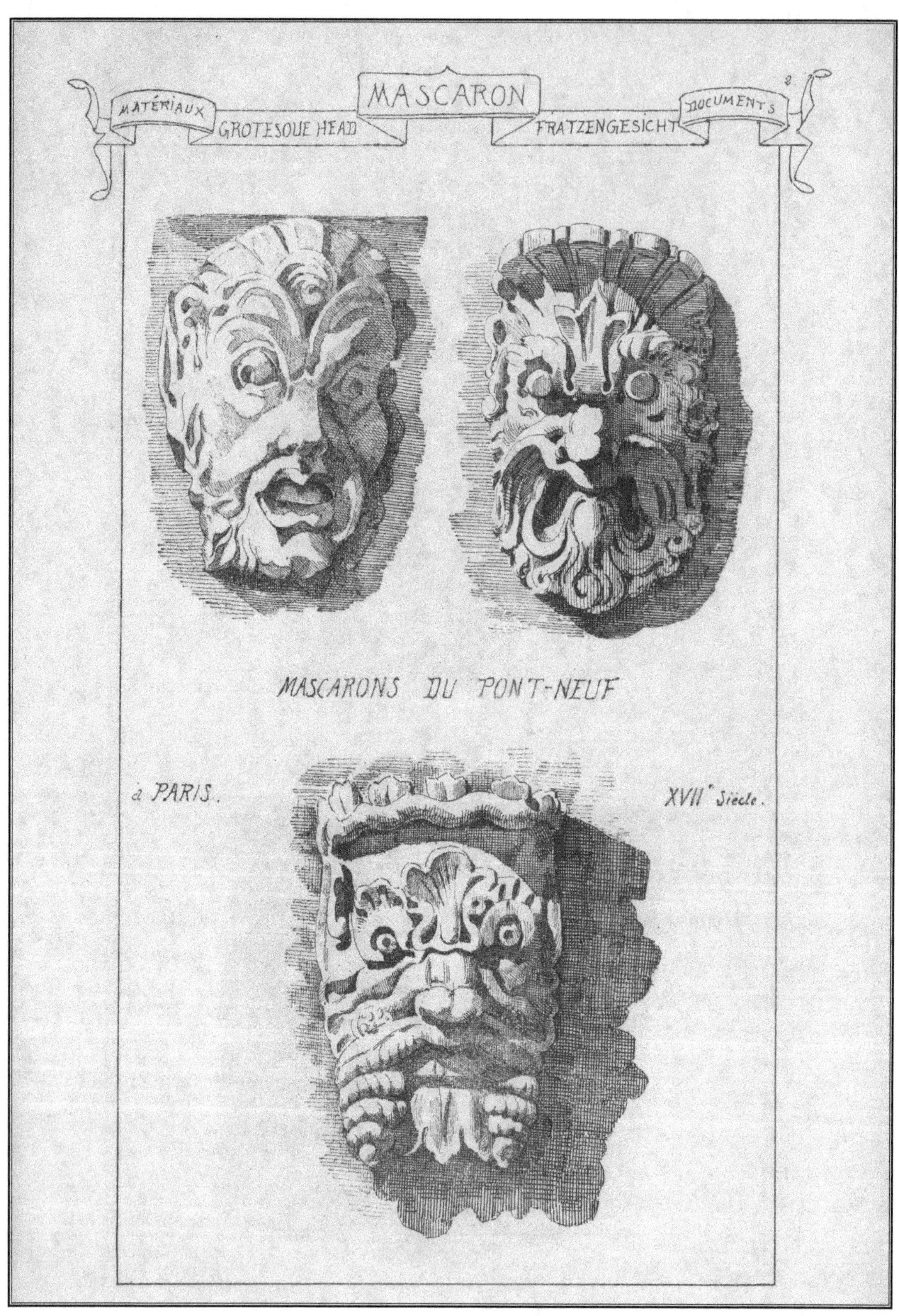

MATÉRIAUX
GROTESQUE HEAD
MASCARON
FRATZENGESICHT
DOCUMENTS
MASCARONS DU PONT-NEUF
à PARIS.
XVII Siècle.

MATERIAUX
MASCARON
3.
DOCUMENTS
GROTESQUE HEAD
FRATZENGESICHT
PALAIS DU LOUVRE à PARIS

MATÉRIAUX
MASCARON
4.
GROTESQUE HEAD
FRATZENGESICHT
DOCUMENTS
CHÂTEAU D'ÉCOUEN (Seine-et-Oise.)

MATÉRIAUX
MASCARON
5.
GROTESQUE HEAD
FRATZENGESICHT
DOCUMENTS
NOUVEAU THEÀTRE
Mr CHATRON Architecte.
de BELLECOUR à LYON
Mr Lien PASCAL Sculpteur.

MASCARONS ANTIQUES TROUVÉS
A POMPEÏ.

MASCARON MODERNE
AU CHÂTEAU DE MONS-LE-TOURNY.

MATÉRIAUX
MASCARON
7.
GROTESQUE HEAD
DOCUMENTS.
FRATZENGESICHT
Arabesque au Musée du VATICAN.
Renaissance Italienne
CATH.le D'AMIENS
Chapelle Nord.
PREMIÈRES ŒUVRES
de MICHEL-ANGE.

PREMIÈRES ŒUVRES DE MICHEL-ANGE.

TABATIÈRES DU XVIIIᵉ SIÈCLE.   MUSÉE DU LOUVRE. PARIS

A. RAGUENET
ARCHITECTE
FONDATEUR

497ᵐᵉ Numéro

R. DUCHER Editeur
3 Rue des Poitevins.
PARIS

COMPOSITION
DE
DELAFOSSE

TIRÉ
D'UN OUVRAGE
DU XVIIIᵉ SIÈCLE

FRONTISPICE
D'UN OUVRAGE
du XVIII.e Sle
COMPOSITION
de C. P. MARILLIER
1776.
GRAVÉ PAR D. NÉE

MATERIAUX
MEDAILLON
DOCUMENTS
40
AUTOMNE
HIVER.
DÉCORATION D'UNE SALLE DE CAFÉ
.STYLE EMPIRE.
RUE D'ABOUKIR
A PARIS
FONTAINE
ARCHITECTE

MATÉRIAUX
DOCUMENTS
DÉCORATION
INTÉRIEURE
STYLE
EMPIRE
ÉTÉ.
SALLE D'UN CAFÉ.
RUE D'ABOUKIR. PARIS
FONTAINE
ARCHITECTE.

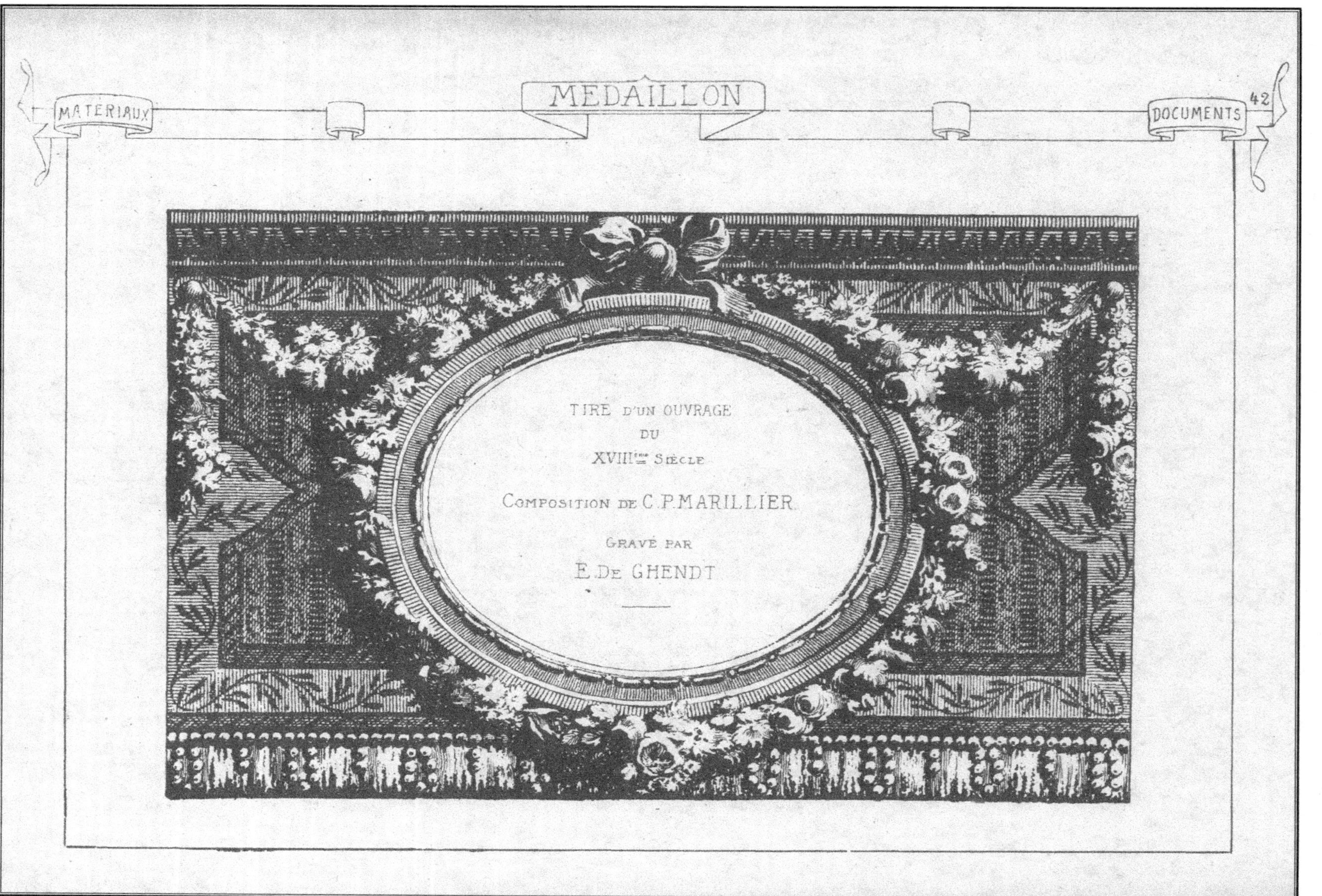

TIRÉ D'UN OUVRAGE
DU
XVIIIᵐᵉ SIÈCLE
COMPOSITION DE C. P. MARILLIER.
GRAVÉ PAR
E. DE GHENDT

COMPOSITIONS DE LE BARBIER   TIRÉS D'UN OUVRAGE DU XVIII.e Siècle

MATÉRIAUX
MEDAILLON
DOCUMENTS
44
PERLES "TÉCLA"
RUE DE LA PAIX
A
PARIS
Mr CH. ADDA
. ARCHITECTE .
Mr LAOUST. SCULPTEUR.
Imp.Gaillac-Monrocq et Cie Paris.

FRAGMENT DU PLAFOND DU SALON ROSE HOTEL BEAUHARNAIS. PARIS.
. STYLE EMPIRE .

A. RAGUENET
ARCHITECTE
FONDATEUR

494me Numéro

R. DUCHER EDITEUR
3 Rue des Poitevins
PARIS

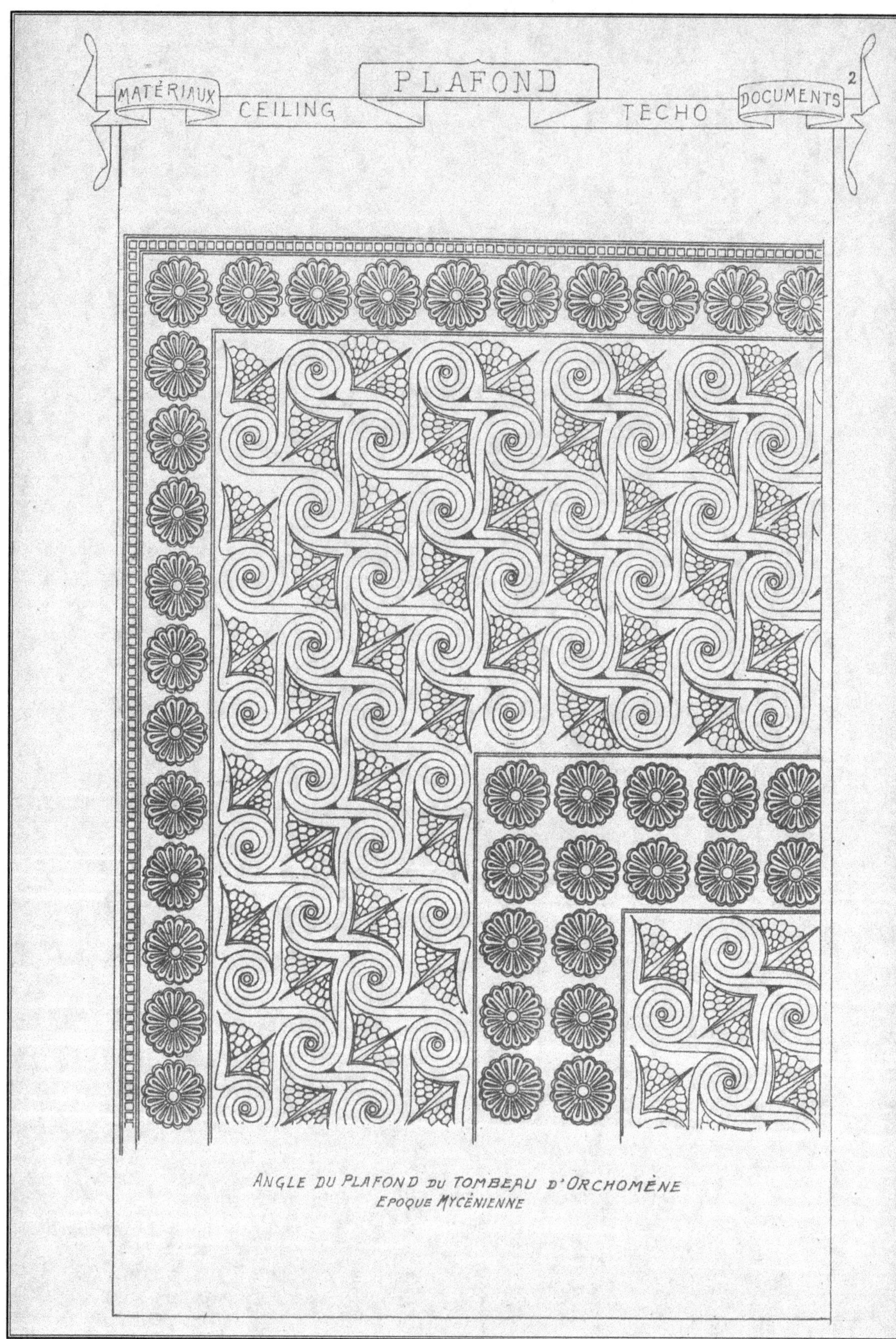

ANGLE DU PLAFOND DU TOMBEAU D'ORCHOMÈNE
EPOQUE MYCÈNIENNE

MATÉRIAUX
CEILING
PLAFOND
TECHO
DOCUMENTS
COMPOSITION DE DANIEL MAROT
STYLE LOUIS XIV

MATÉRIAUX
CEILING
PLAFOND
TECHO
DOCUMENTS
4
COMPOSITION DE DELAFOSSE
STYLE LOUIS XVI

COMPOSITION DE R et J. ADAM. (1777)

H. E. GAZE LIMITED DÉCORATEURS A LONDRES

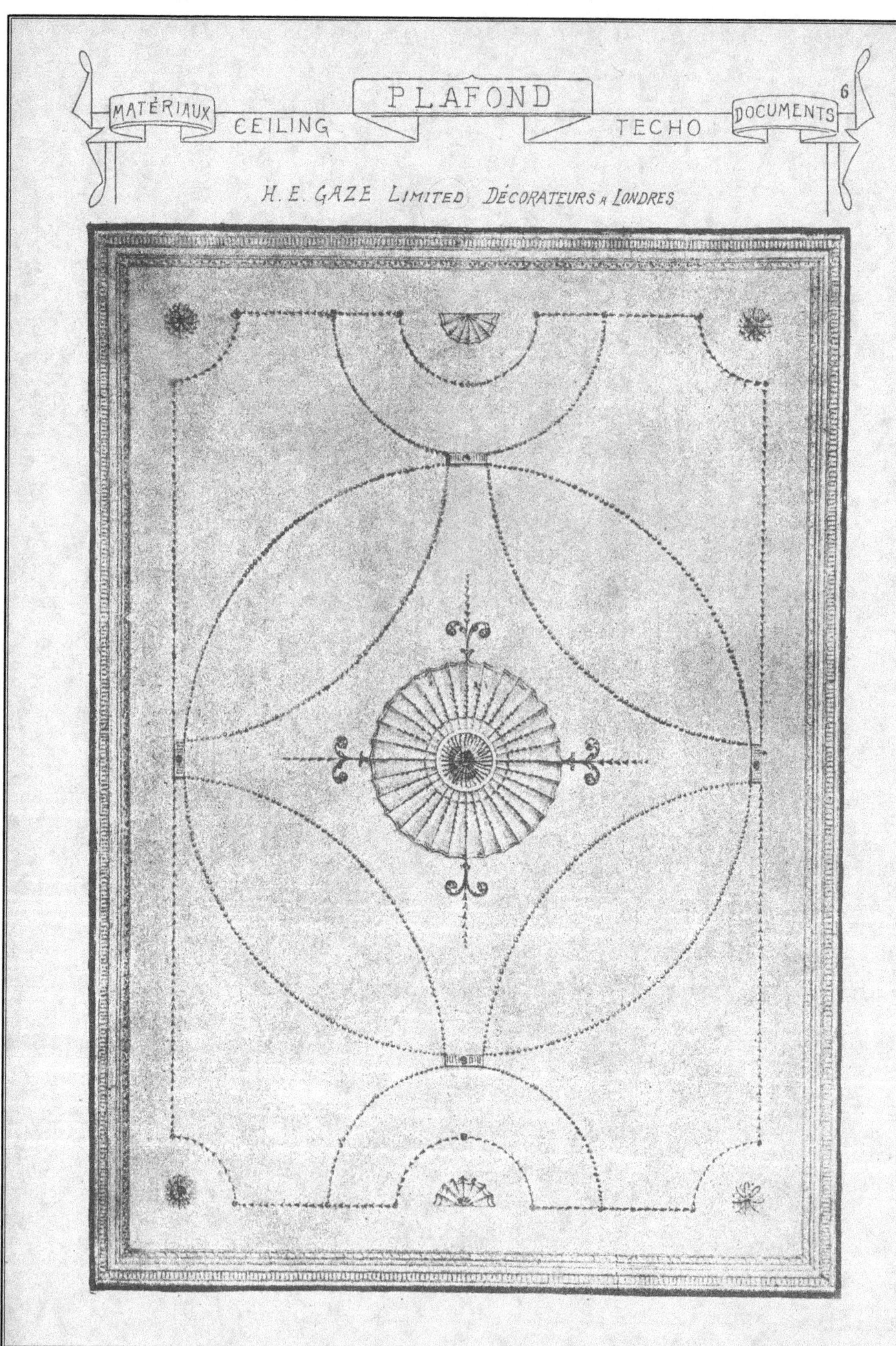

COMPOSITION DE DE NEUFFORGE
STYLE LOUIS XVI

PLAFOND DANS UN HÔTEL PARTICULIER À PARIS.
Mᵉ FLANDRIN, DÉCORATEUR.

121
MATÉRIAUX
PUERTA
PORTE
DOOR
DOCUMENTS
PARIS : MAISON Rue CAMPAGNE PREMIERE. A. ARFVIDSON Architecte.
A. RAGUENET
ARCHITECTE
FONDATEUR
493me Numéro
R. DUCHER Editeur
3 Rue des Poitevins.
PARIS

ROME . PORTE DU PANTHÉON . (ART ROMAIN)

MATÉRIAUX
PORTE
DOCUMENTS
123
PUERTA
DOOR
Mᵒⁿ PRINCIPALE RUE DU BAC 126
PARIS. CHOCOLATERIE. FOUCHER.
RENÉ SERGENT. ARCHITECTE.

CHANTILLY : ÉCURIES . AUBERT, ARCH.te (ÉPOQUE DE LA RÉGENCE)

PARIS — INSTITUT DE PALÉONTOLOGIE — E. PONTREMOLI ARCHITECTE.

MATÉRIAUX
PUERTA
PORTE
DOOR
DOCUMENTS
126
SIENNE (ITALIE) CATHÉDRALE - Librairie - par L. MARRINA

58

MATÉRIAUX
PORTE
PUERTA
DOOR
DOCUMENTS
127
SIENNE
(ITALIE)
CATHÉDRALE
LIBRAIRIE
DÉTAIL
RENAISSANCE
ITALIENNE

PARIS._ MAGASIN "WALK-OVER", Bould des Capucines. R. BOUVARD, Architecte.

Imp. Monrocq. Paris.

MATERIAUX
PORTICO
PORTIQUE
PORTICO
DOCUMENTS
.9
ROME VILLA MÉDICIS ACADEMIE DE FRANCE FAÇADE SUR LE PARC (RENAISSANCE ITALIENNE)
A. RAGUENET
ARCHITECTE
FONDATEUR
499me Numéro
R. DUCHER EDITEUR
3 Rue des Poitevins.
PARIS

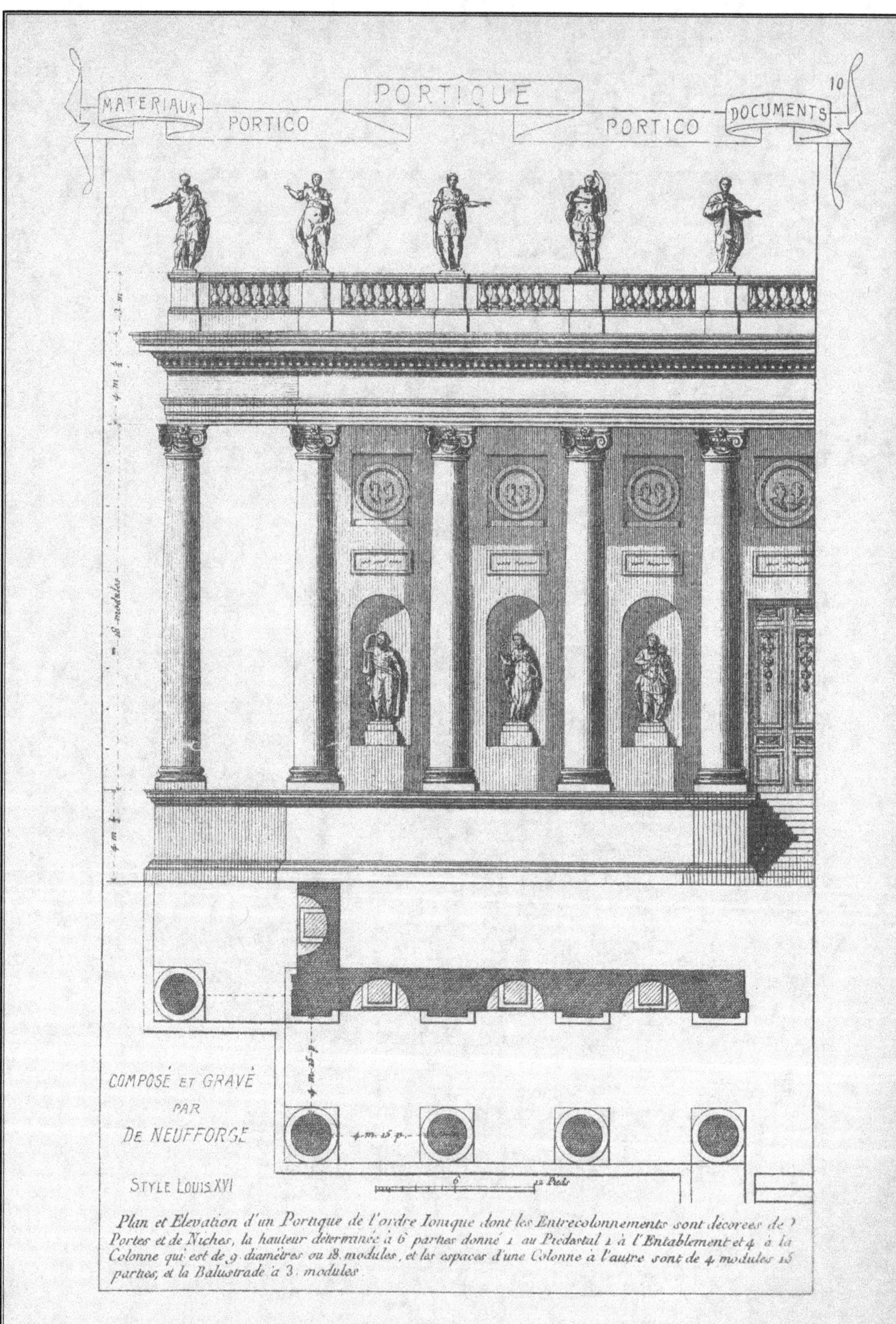

Plan et Elevation d'un Portique de l'ordre Ionique dont les Entrecolonnements sont décorées de Portes et de Niches, la hauteur déterminée à 6 parties donné 1 au Piedestal 1 à l'Entablement et 4 à la Colonne qui est de 9 diamètres ou 18 modules, et les espaces d'une Colonne à l'autre sont de 4 modules 15 parties, et la Balustrade à 3 modules.

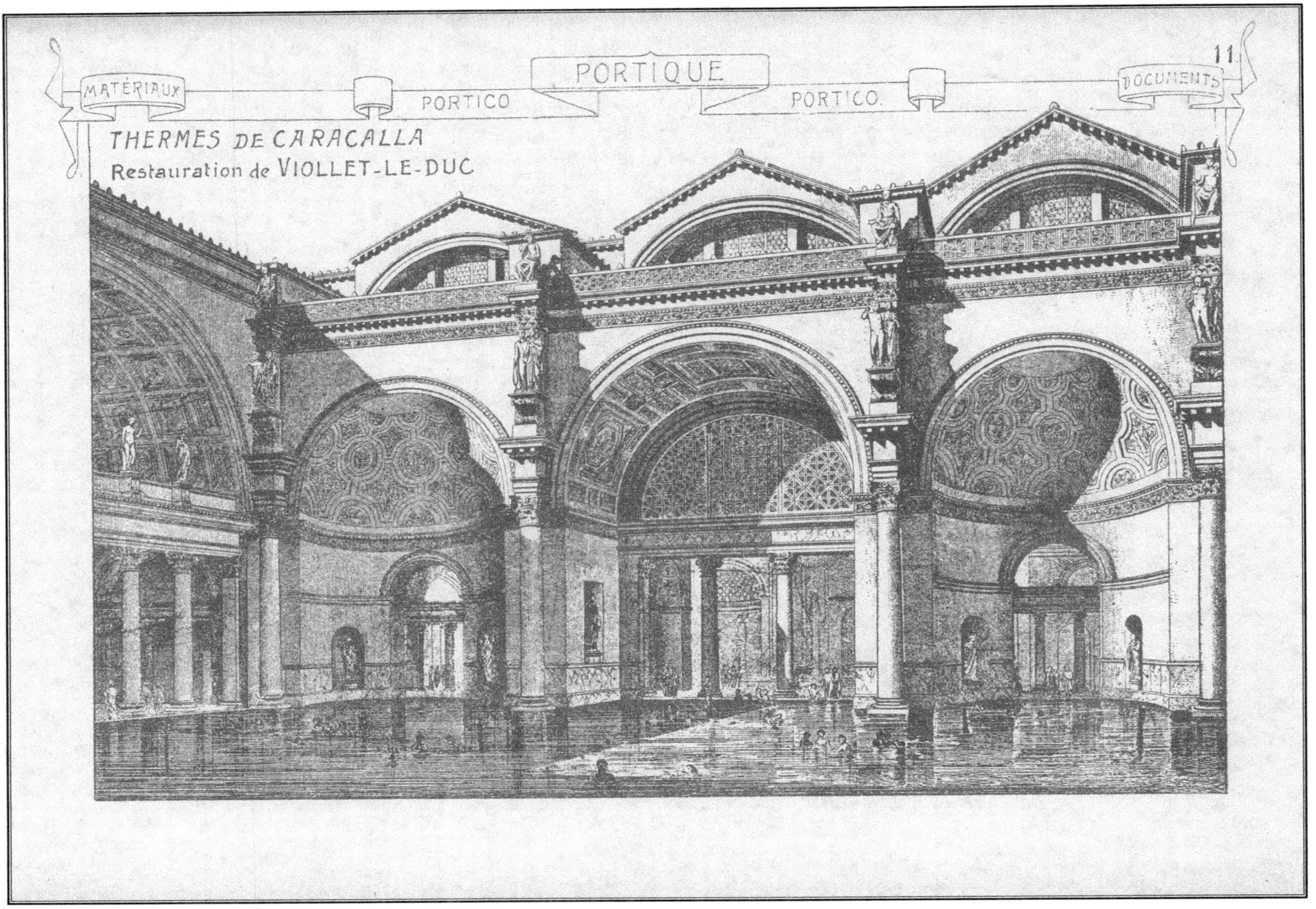

11
MATÉRIAUX
PORTICO
PORTIQUE
PORTICO.
DOCUMENTS
THERMES DE CARACALLA
Restauration de VIOLLET-LE-DUC

MATERIAUX
PORTICO
PORTIQUE
PORTICO
DOCUMENTS
12
FLORENCE ITALIE
LOGGIA DE LANZI
1376

PARIS ECOLE MILITAIRE, COUR D'HONNEUR (STYLE LOUIS XVI)
J.A.GABRIEL ARCHITECTE

14.
MATÉRIAUX
PORTIQUE
PORTICO
PORTICO
DOCUMENTS
PISTOJA ITALIE
OSPEDALE DEL CEPPO
XVIe SIECLE

MATÉRIAUX
PORTICO
PORTIQUE
PORTICO
DOCUMENTS
15
RENAISSANCE ITALIENNE
1489
PALAIS MUNICIPAL DE BRESCIA
PORTIQUE PAR FORMENTONE

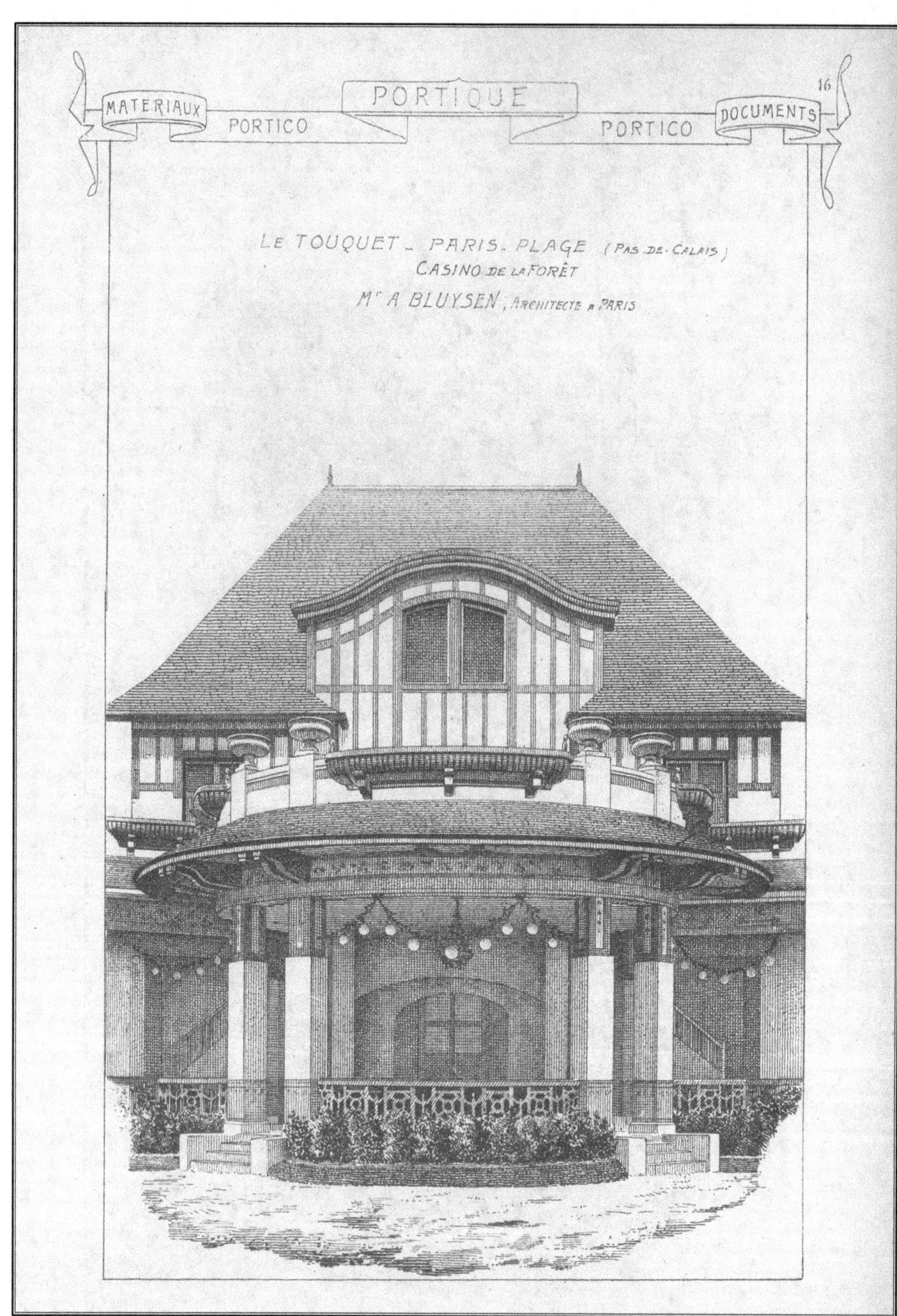

MATÉRIAUX
PORTICO
PORTIQUE
PORTICO
DOCUMENTS
16
LE TOUQUET _ PARIS. PLAGE (PAS . DE . CALAIS)
CASINO DE LA FORÈT
Mr A BLUYSEN , ARCHITECTE A PARIS

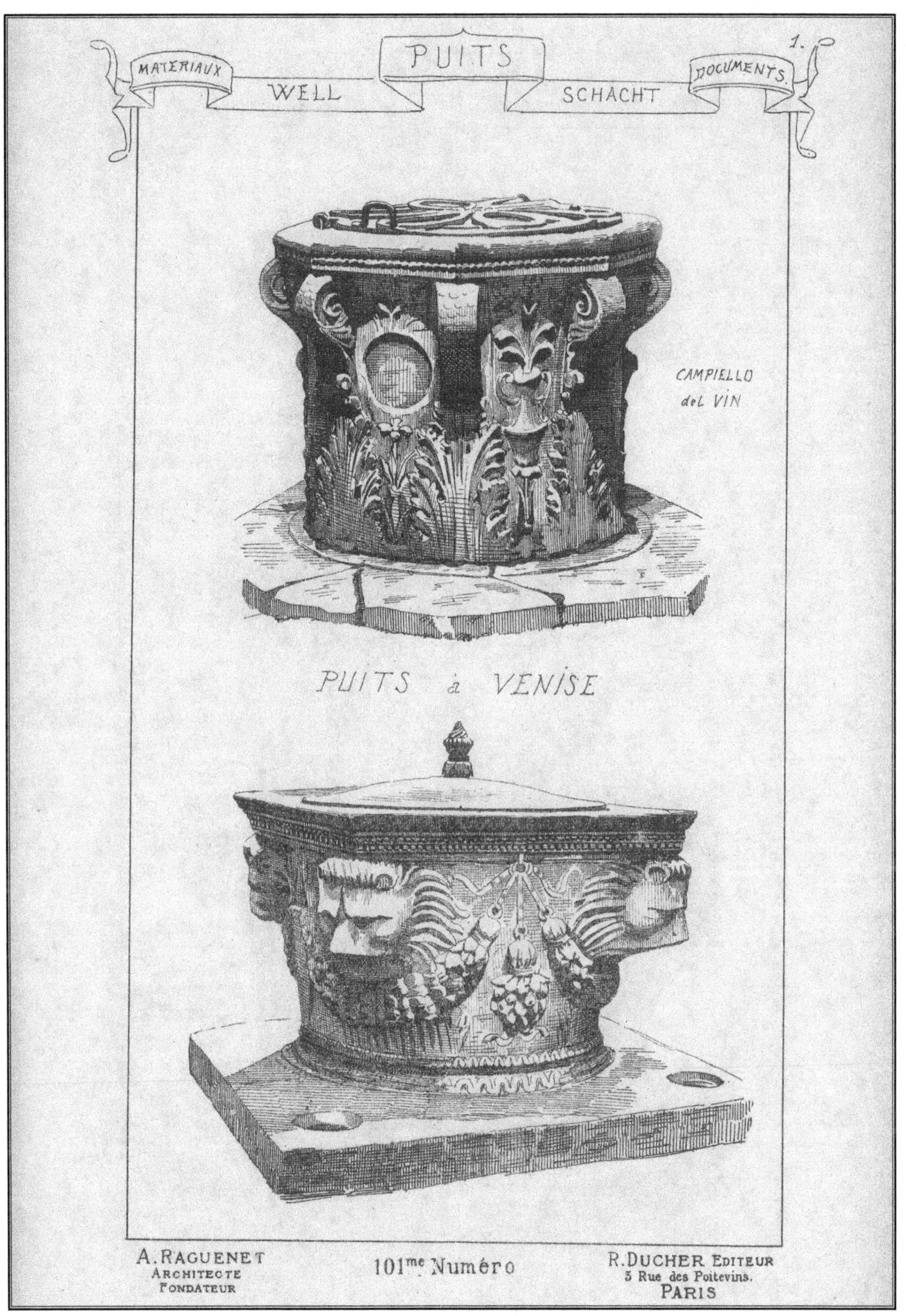

A. RAGUENET
ARCHITECTE
FONDATEUR

101me Numéro

R. DUCHER Editeur
3 Rue des Poitevins.
PARIS

MATERIAUX
PUITS
DOCUMENTS
WELL
SCHACHT
2.
PUIT de la MADELEINE
PUITS a VENISE
PUITS dans la cour de la SCUOLA di San MARCO.

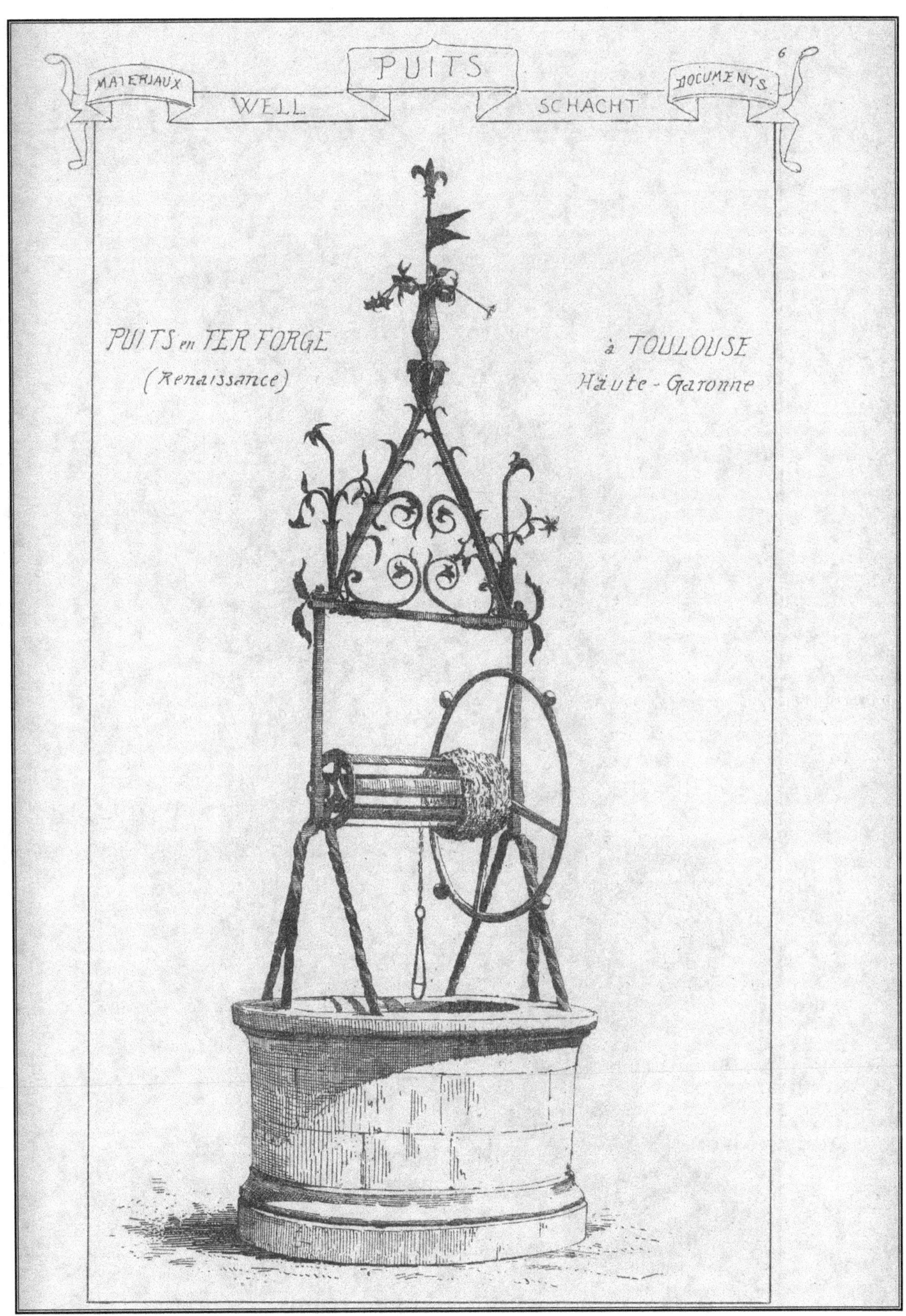

MATERIAUX
PUITS
DOCUMENTS
WELL
SCHACHT
6
PUITS en FER FORGE
(Renaissance)
à TOULOUSE
Haute - Garonne

MATERIAUX
PUITS.
DOCUMENTS
WELL
SCHACHT
4.
PUITS du XVIᵉ Siècle
à MAYENCE Allemagne.

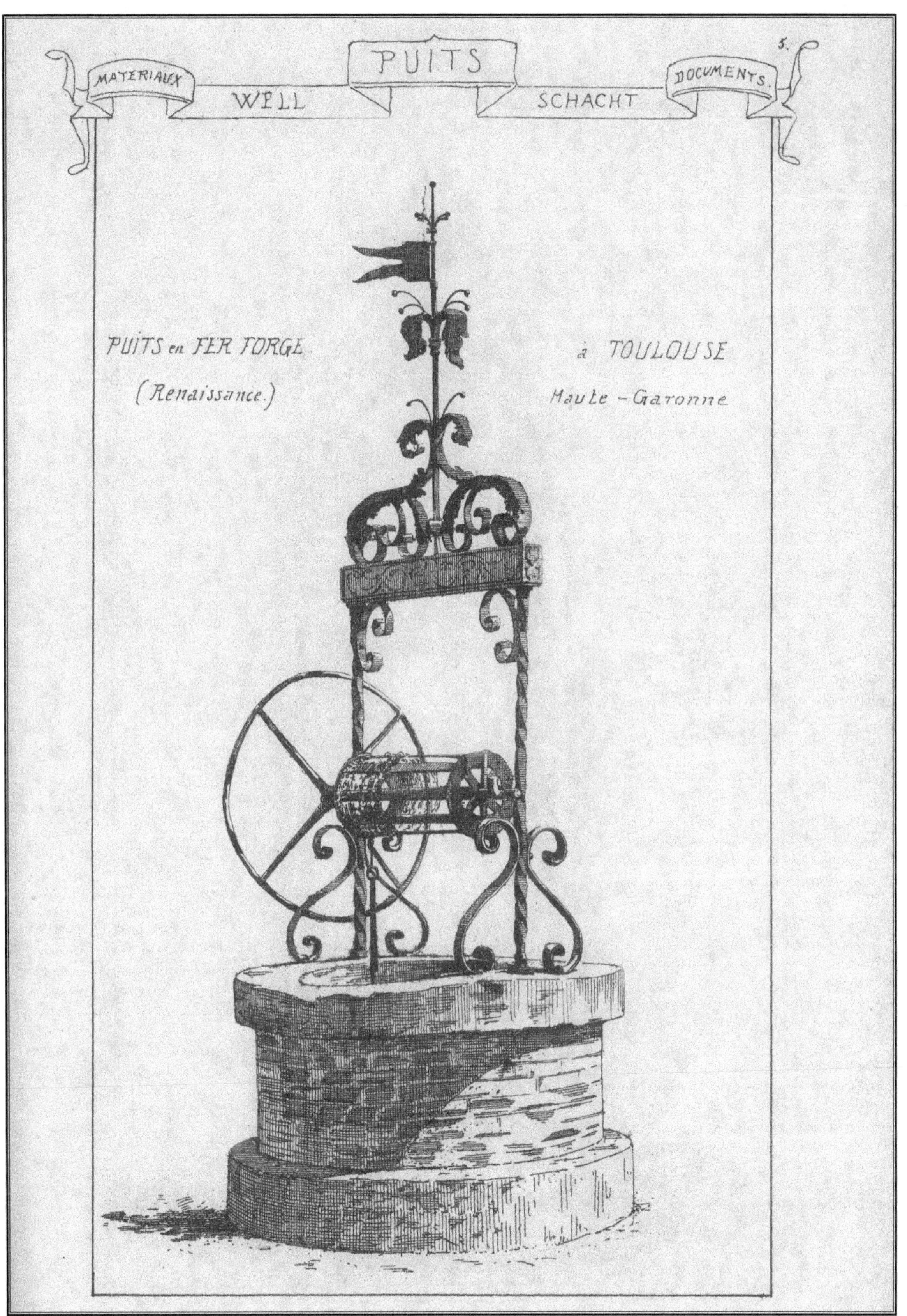

MATERIAUX
PUITS
WELL
SCHACHT
DOCUMENTS.
5.
PUITS en FER FORGE
(Renaissance.)
à TOULOUSE
Haute - Garonne

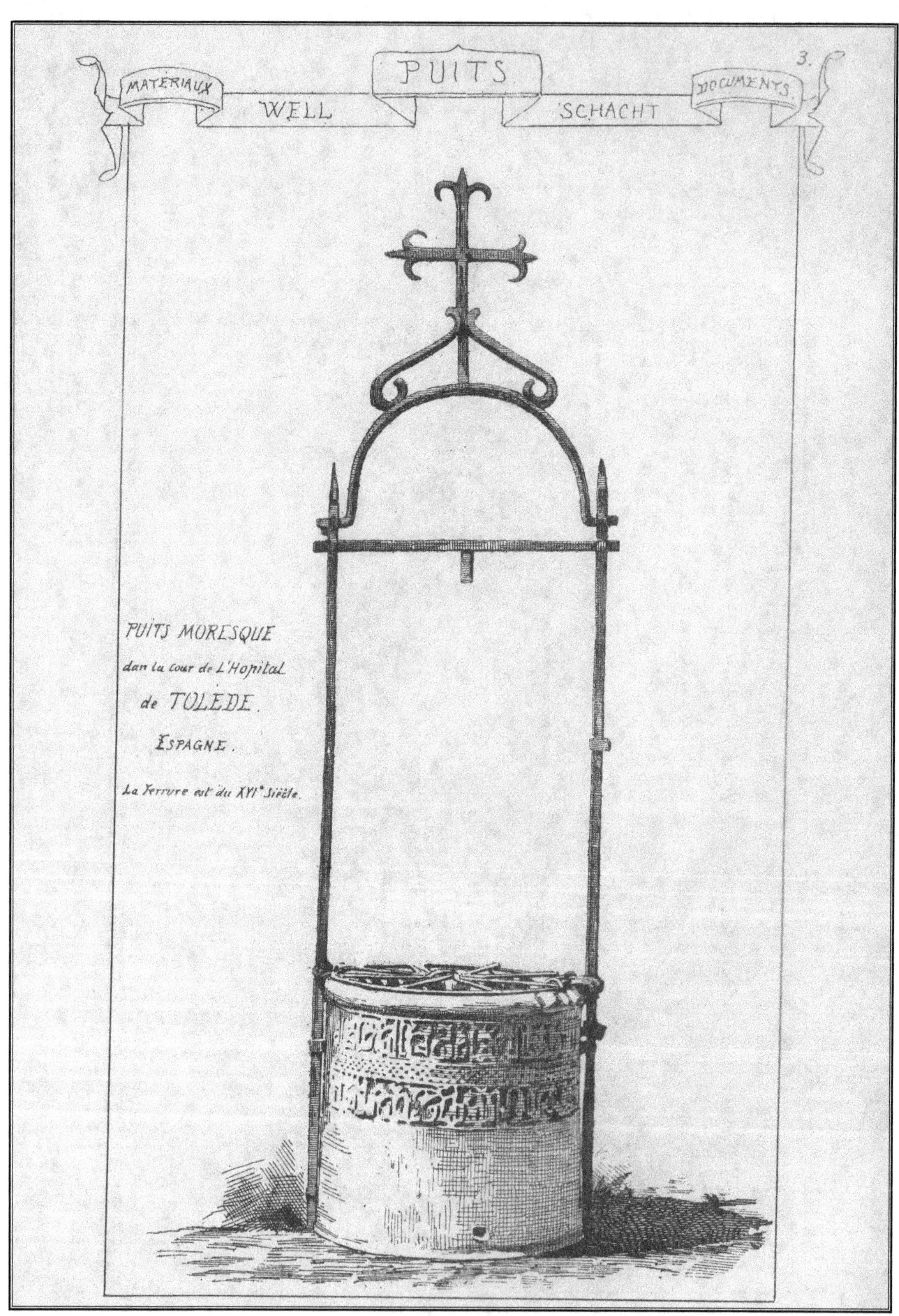

MATÉRIAUX
PUITS
DOCUMENTS.
WELL
SCHACHT
3.
PUITS MORESQUE
dans la cour de L'Hopital
de TOLEDE.
ESPAGNE.
La Ferrure est du XVIe Siècle.

MATÉRIAUX
PUITS
WELL
SCHACHT
DOCUMENTS.
7.
PUITS de
QUENTIN-METZYS
à ANVERS
Fin du XVᵉ Siècle.

MATERIAUX
DOCUMENTS
PUITS
WELL
SCHACHT
8.
CHARTREUSE
DES CHAMPS
à SIENNE
PUITS
de PAUL V
à ROME.

MATÉRIAUX
TISSU
TEXTILE
TEJIDO
DOCUMENTS
COMPOSITION DE
KARBOWSKY
LAMPAS 3 COULEURS
TASSINARI & CHATEL
FABRICANTS
A. RAGUENET
ARCHITECTE
FONDATEUR
501me Numéro
R. DUCHER ÉDITEUR
3 Rue des Poitevins.
PARIS

COMPOSITION POUR VELOURS PAR DANIEL MAROT. 1712.

BROCART

CHAMBRE A COUCHER DE LOUIS XIV

CHATEAU DE VERSAILLES

FRAGMENT D'UNE MITRE DU XIV.ᵉ SIECLE,
TROUVÉ DANS UN TOMBEAU DE L'ÉGLISE SAINT GERMAIN-DES-PRÉS A PARIS.

TOILE DE JOUY.
COMPOSITION DE J. B. HUET

82

TOILE DE JOUY

Epoque DIRECTOIRE

_ BRODERIE _

COMPOSITION DE COUDYSER

MATÉRIAUX
TOMB
TOMBEAU
SEPULCRO
DOCUMENTS
73
CHAPELLE NOTRE-DAME DE CONSOLATION
Rue JEAN-GOUJON
PARIS
M. A. GUILBERT
ARCHITECTE
A. RAGUENET
ARCHITECTE
FONDATEUR
PUBLICATION MENSUELLE
495me Numéro
R. DUCHER ÉDITEUR
3 Rue des Poitevins
PARIS

COMPOSITION DE DELAFOSSE — Style Louis XVI

MATÉRIAUX
TOMB
TOMBEAU
SEPULCRO
DOCUMENTS
75
TOMBEAUX
COMPOSÉS PAR
DE NEUFFORGE
STYLE LOUIS XVI
GRAVURES
TIRÉES D'UN OUVRAGE
DU
XVIIIᵉ SIÈCLE

TOMBEAU A HALICARNASSE (ASIE MINEURE), RESTITUTION DE Mʳ BERNIER Archᵗᵉ

GRAVÉ PAR MOREAU LE JEUNE. STYLE LOUIS XVI

ROME: Basilique Saint Pierre. Monument des STUARTS, par CANOVA.

MONUMENT AUX MORTS   CIMETIÈRE DU PÈRE LACHAISE A PARIS.   Mr BARTHOLOMÉ Statuaire.

CIMETIÈRE DE NEUILLY s/SEINE (SEINE)
MONUMENT DU SOUVENIR FRANÇAIS
ELEVÉ A LA MÉMOIRE
DES ENFANTS DE NEUILLY MORTS POUR LA PATRIE
M. ACHILLE COLLE ARCHITECTE
M. R. VERLET STATUAIRE
LE GÉRANT J. KLEIN

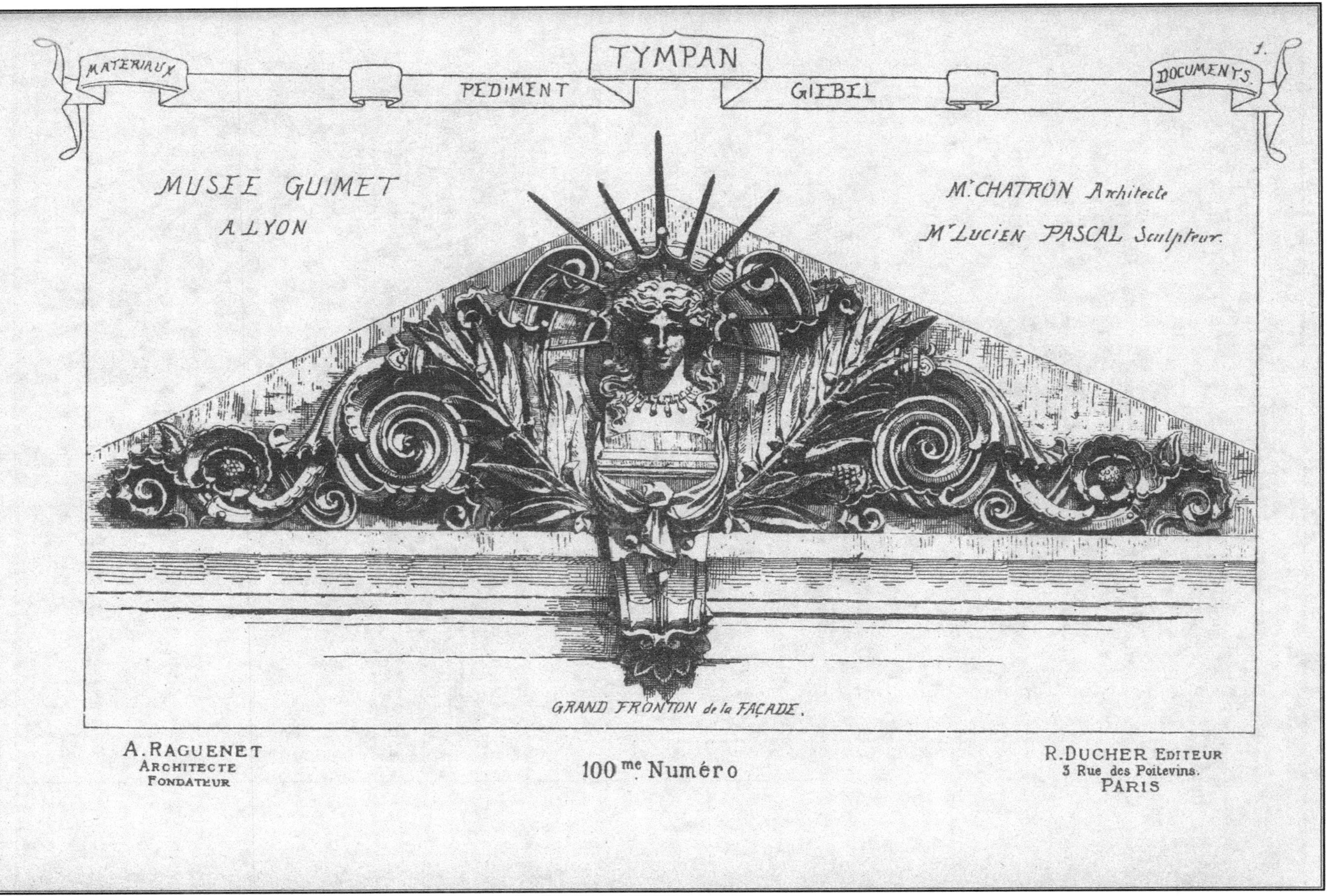

MATERIAUX
TYMPAN
PEDIMENT
GIEBEL
DOCUMENTS
1.
MUSEE GUIMET
A LYON
M. CHATRON Architecte
M. Lucien PASCAL Sculpteur.
GRAND FRONTON de la FAÇADE.
A. RAGUENET
ARCHITECTE
FONDATEUR
100 me Numéro
R. DUCHER EDITEUR
3 Rue des Poitevins.
PARIS

MATÉRIAUX
DOCUMENTS
TYMPAN
PÉDIMENT
GIEBEL
2.
CATH.le D'AMIENS
Arcatures de la
Galerie-des-Rois.
Nouveau THÉÂTRE
des CÉLESTINS à Lyon.
Mr G.d ANDRÉ Architecte
Mrs TLACHAT et COCHET Sculpteurs

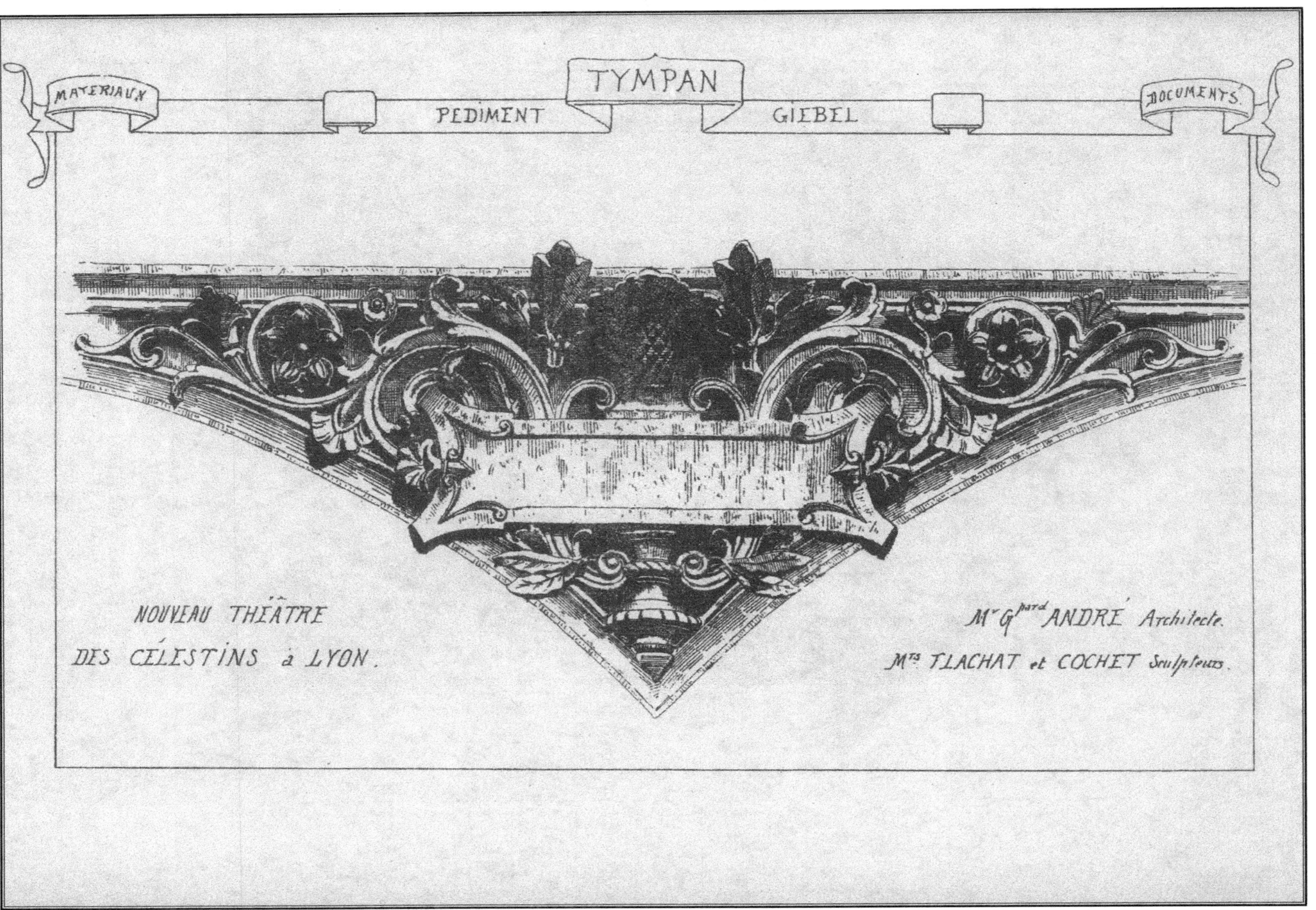

MATERIAUX
TYMPAN
PEDIMENT
GIEBEL
DOCUMENTS
NOUVEAU THÉÂTRE
DES CÉLESTINS à LYON.
Mr Gpard ANDRÉ Architecte.
Mrs FLACHAT et COCHET Sculpteurs.

NOUVEAU THÉÄTRE de GENÈVE
Salle du CAFÉ
Mʳ GOSS Architecte. Mᵀˢ FLACHAT et COCHET Sculpt.ᵗˢ

TOMBEAU au CIMÉTIÈRE St LAZARE
à Montpellier
Mʳ GLAISE Architecte.

96

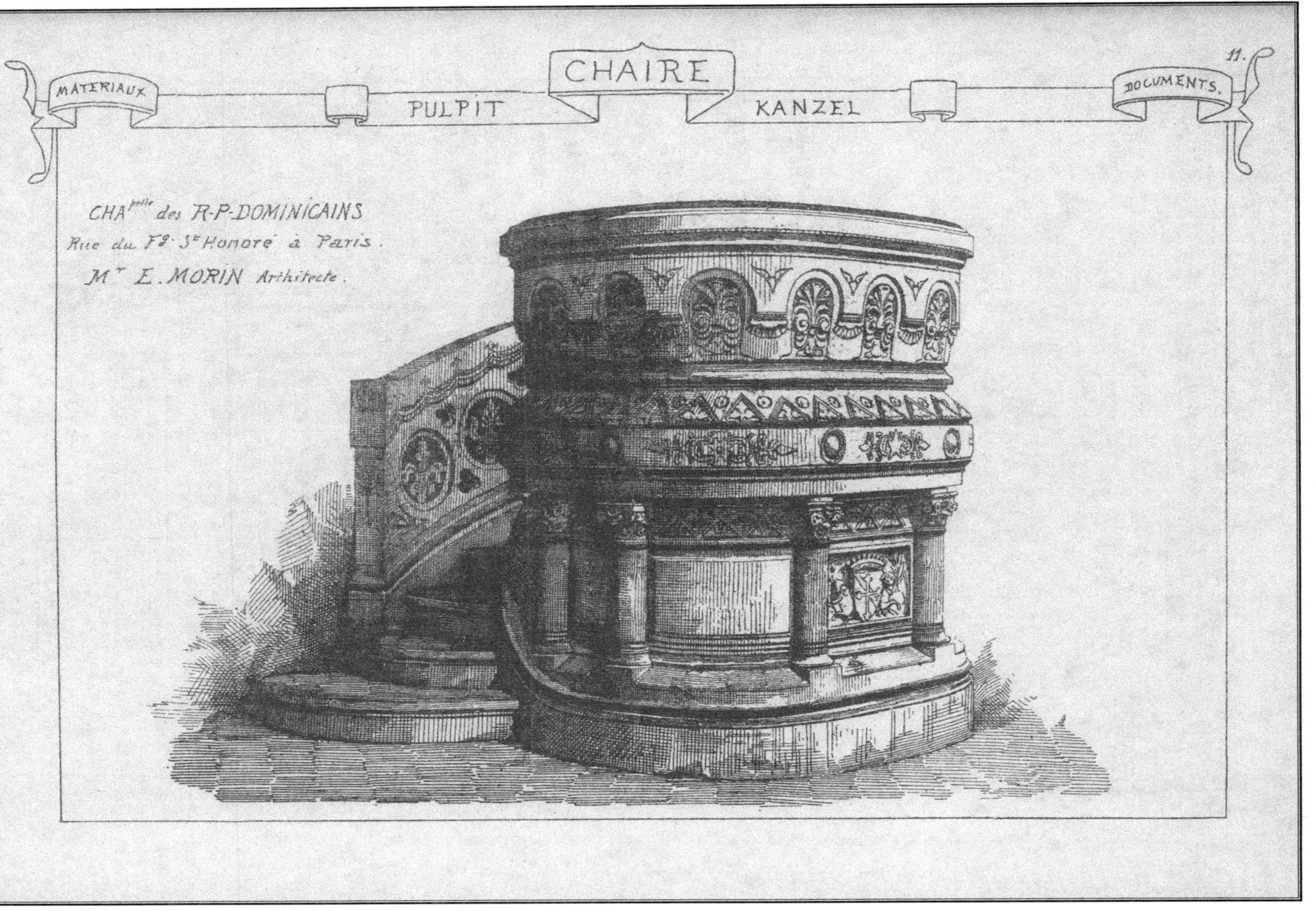
CHA^pelle des R·P·DOMINICAINS
Rue du F^g· St Honoré à Paris.
Mr E. MORIN Architecte.

MATERIAUX
DOCUMENTS
CHAIRE
PULPIT
KANZEL
CHAIRE à PRÊCHER
dans l'Église de
MAISONS-sur-SEINE
Par
Feu E. MILLET,
Architecte.
FACE LATÉRALE
Échelle de 0.05 p. mètre.

MATERIAUX
PULPIT
CHAIRE
KANZEL
DOCUMENTS
13.
CHAIRE à PRÊCHER
Dans l'Eglise de
MAISONS-sur-SEINE
Par
Feu E. MILLET
Architecte.
FACE.
Echelle de 0,05 p. mètre.

MATERIAUX
CHAIRE
DOCUMENTS
PULPIT
KANZEL
14.
CATH.le D'AMIENS
SALLE DES MACCHABÉES
Restauration de M.r VIOLLET-LE-DUC
NOTA: Intercaler entre les pages 10 et 15 de la 88.me Livraison, les pages 11,12,13 et 14 de cette Liv.n

* 9 7 9 1 0 9 6 1 3 2 1 4 0 *